Infiniment créatif

Comment améliorer votre créativité et briser les blocages de la créativité grâce à des techniques et des exercices simples, y compris les meilleurs conseils pratiques.

Mariam Plauwitz

CONTENU

Ce qui vous attend dans ce livre

Vous êtes-vous déjà retrouvé devant une page blanche après avoir décidé de dessiner quelque chose et vous n'avez aucune idée de ce que vous devez dessiner ? Votre tête est soudainement vide, alors qu'il y a quelques instants, vous pensiez à toutes les choses à ne pas oublier et vous demandiez pourquoi votre voisin passait l'aspirateur si tôt. Vous vous êtes certainement demandé pourquoi d'autres personnes de votre entourage ont tant d'idées originales et toujours une solution à tout. Ces personnes ne se laissent pas abattre par les problèmes et il semble qu'elles perçoivent le monde différemment ; de manière plus positive et plus imaginative. Leur créativité leur facilite la vie quotidienne, le travail et de nombreuses situations où une idée bonne et utile est nécessaire. On pourrait dire qu'ils ont un avantage sur les autres et qu'ils sont enviables. Aimeriez-vous savoir ce que ces personnes font de différent et comment vous pouvez vous aussi devenir aussi créatif ?

Dans ce livre, vous apprendrez ce qu'est la créativité et de quelle manière on la rencontre dans la vie de tous les jours. Je vous expliquerai à quoi ressemble un processus créatif, j'identifierai ses étapes et je vous présenterai les caractéristiques d'une personne créative. Mais surtout, ce livre a pour but de montrer l'importance de la créativité et pourquoi il vaut la peine de stimuler votre créativité. Comment pouvez-vous en bénéficier ? À quoi devez-vous faire attention si vous souhaitez exercer une activité créative ? Et qu'est-ce qui pourrait éventuellement entraver votre pensée et votre action créatives ? Je vais vous donner des réponses à ces questions. Ensuite, vous recevrez dix conseils qui peuvent vous aider à devenir plus imaginatif et à remplir la page blanche sans avoir à réfléchir éternellement. Enfin, pour mettre ces conseils en pratique, je vous donnerai six exercices qui mettront votre créativité à l'épreuve tout en étant amusants.

Qu'est-ce que la créativité ?

A quoi pensez-vous en premier lieu lorsque l'on vous parle de créativité ? La plupart des gens pensent qu'il s'agit d'art, et ce n'est pas faux, car l'art est un exemple de créativité visible. Mais la créativité ne se limite pas aux arts visuels ou aux arts de la scène.

Qu'est-ce que la créativité au juste ? Être créatif conduit à la création et signifie créer quelque chose de nouveau ou résoudre un problème de manière innovante ou non conventionnelle. Il est notoire qu'il n'est pas facile d'inventer quelque

chose de complètement nouveau, car il y a déjà telle-
ment d'idées et de développements, c'est pourquoi l'aspect de la nouveauté se réfère uniquement à la personne dont l'idée est en jeu. Cela signifie qu'en principe, une idée ne peut être considérée comme créative
que si elle était inconnue de son créateur auparavant.
Il est donc important d'évaluer l'originalité individuellement afin de pouvoir différencier s'il s'agit de créativité ou non. De plus, les solutions ou idées doivent
avoir une certaine utilité, être valables et appropriées.
On en parle déjà lorsque, par exemple, une peinture
suscite une discussion ou fait réfléchir les gens. La
créativité s'exprime également lorsque plusieurs cir-
constances ou pensées sont mises en relation et qu'une
nouvelle idée en résulte.

La créativité est donc une capacité que tout le
monde possède en soi et qui a de nombreuses facettes
différentes, qui sont divisées en deux types. Il y a le
type de créativité que la plupart des gens reconnaissent
directement comme tel. Il s'agit de ce que l'on appelle
le "Big-C" (Big-Creativity), que l'on peut attribuer à
des artistes célèbres comme Léonard de Vinci ou à des
chanteurs comme Michael Jackson. Ce qui est important ici, c'est que la création de ces personnes dé-
clenche quelque chose chez d'autres personnes, comme

les spectateurs de leurs peintures ou les auditeurs de leurs chansons, et qu'elle résulte avant tout de beaucoup de talent et de passion. Comme le mot anglais "big" l'indique, il est question d'une sorte de créativité qui porte en elle une grande portée et un grand impact. Tout le monde n'est pas en mesure d'atteindre ce niveau. Mais cela ne devrait pas être votre objectif, car la créativité qui peut vous aider au quotidien est appelée "**Little-C**" (petite créativité). Il s'agit d'une pensée et d'une action innovantes qui peuvent faire une différence pour vous en tant qu'individu. Il s'agit d'un comportement orienté vers la solution, par exemple lorsque vous avez essayé de cuisiner à l'aide d'une recette trouvée sur Internet et que la page ne se charge soudainement plus. Vous avez certainement retenu certaines informations lors de la lecture précédente, mais quelles sont les épices à ajouter à votre plat ? Vous devez maintenant improviser et faire preuve de créativité. Il est fort probable que vous ne réalisiez pas exactement le mélange d'épices prescrit à l'origine, mais il sera finalement bon et adapté au plat. C'est précisément dans ce genre de situation que vous prouvez que vous avez de la créativité en vous et que vous êtes capable de trouver des solutions d'urgence et de créer un mélange d'épices original à partir de vos propres réflexions. Le "Little-C" est donc une forme de créativité naturelle qui peut être entraînée et qui peut être très utile au quotidien. Cela ne concerne pas seulement des domaines comme la cuisine et la peinture, mais aussi d'innombrables professions et la politique ou l'économie, qui recherchent et ont besoin de processus d'amélioration permanents.

À quoi ressemble un processus créatif ?

Un processus créatif décrit exactement ce qui se passe pendant la recherche d'idées et est divisé en plusieurs phases. Une partie de ce processus est la personne créative qui, avec le potentiel créatif, est déterminante pour le succès du processus. La personnalité, l'intellect et les comportements jouent ici un rôle important. Ils déterminent à l'avance si le processus créatif sera encouragé ou inhibé. Logiquement, il est par exemple utile d'avoir une certaine prédisposition ou un talent, d'être entraîné ou d'avoir déjà eu une expérience dans le domaine dans lequel le processus et le problème se déroulent. En outre, il y a l'environnement créatif, qui constitue le cadre de l'action créative et doit être cohérent. Le résultat d'un tel processus est appelé le produit créatif, c'est-à-dire l'invention ou l'idée. La durée du processus varie donc en fonction du point de départ, de la personne, du potentiel et de l'objectif. Il arrive aussi souvent que le cerveau passe naturellement par un tel processus, mais qu'il ait l'impression que l'éclair de génie vient de nulle part, et ce en quelques secondes.

L'un des types de processus créatif est le **processus de résolution de problèmes**, qui se compose de quatre phases distinctes. Tout d'abord, un problème ou un défaut doit être identifié, puis analysé. On se demande alors où se situe le problème et quelle est la situation de départ. Une fois que cela est clair, on peut passer à la deuxième phase. Cette phase consiste à préparer et à collecter des informations et à formuler un objectif ou une solution sur la base des conclusions de la première phase. Il s'agit maintenant de déterminer ce qui est nécessaire pour la mise en œuvre et de rassembler le matériel.

La troisième phase concerne la pensée créative, c'est-à-dire l'expression de la créativité. Il est important de le faire sans porter de jugement ni privilégier certaines approches. Chaque idée est valable et doit être prise en compte dans le processus. Penser sans limites, en gardant une ouverture et une vivacité d'esprit et sans porter de jugement, c'est ce qu'on appelle la pensée divergente.

La personne créative doit donc disposer de suffisamment d'espace pour que cette phase puisse se dérouler avec succès. Des techniques dites de créativité peuvent également être utilisées pour faciliter la collecte d'idées. Je vous les présenterai et les expliquerai plus tard.

Après avoir réussi à réfléchir de manière divergente et à rassembler un grand nombre d'idées et de solutions, la dernière étape consiste à sélectionner les solutions. Le tri est effectué en fonction de l'utilité et de la faisabilité et une solution est choisie, qui peut ensuite être étendue, améliorée ou adaptée si elle présente encore des lacunes. Le processus de résolution des problèmes est alors terminé et la mise en œuvre peut commencer. Comme nous l'avons déjà mentionné, la durée d'un tel processus peut varier considérablement en fonction du problème, du potentiel créatif et de l'environnement, de sorte qu'il n'est pas possible de déterminer clairement le temps nécessaire à chaque phase.

Bien entendu, tout processus créatif ne se rapporte pas à un problème et à sa résolution, mais peut également être utilisé pour faire d'une idée une réalité. C'est ce que l'on appelle le **modèle en cinq phases**, qui part d'une idée ou, dans cet exemple, de la volonté d'écrire un livre. La phase de préparation consiste à se pencher sur cette volonté et à définir un thème. Disons que le sujet dans ce cas est une histoire sur une personne et sa mère célibataire.

Comme le nom de la phase d'incubation l'indique, vous avez été "infecté" par l'idée ou le thème et, au fil du temps, de plus en plus de "symptômes" apparaissent. Au sens figuré, ceux-ci seraient par exemple le développement subconscient de personnages et la collecte d'impressions qui complètent l'idée.

Pour mieux comprendre : vous êtes assis dans un transport en commun et vous voyez une personne que vous associez involontairement directement à la version de la mère de votre histoire, et sans vous en rendre compte, vous avez déterminé l'apparence d'un personnage. Vient ensuite la phase d'illumination, qui se caractérise par une illumination soudaine et qui est donc très courte et en principe non influençable. C'est là, par exemple, que pourrait surgir une idée soudaine et marquante en rapport avec le contenu de votre histoire.

La phase suivante, la réalisation, concerne ce que l'on appelle la pensée convergente. Il s'agit de l'opposé de la pensée divergente et se reconnaît au fait qu'une limite est imposée à la pensée en raison de la phase d'illumination. Le cadre du livre est donc déjà en place et il faut maintenant écrire l'histoire et y penser avec précision, sans pour autant modifier ou repenser l'idée de base. Cette phase est centrée sur la mise en œuvre, ce qui en fait la phase la plus longue de ce modèle et peut également être due à des blocages d'écriture, à un manque de patience ou à une frustration naissante. Si vous réussissez cette phase, le premier jet du livre est prêt et la condition de la cinquième phase est remplie.

Cette phase s'appelle la phase de vérification et c'est la dernière étape pour obtenir un livre complet. Pour ce faire, le produit créatif développé par la personne créative au cours du processus est d'abord vérifié par le créateur pour déceler les erreurs, les défauts ou autres, et peut ensuite être transmis à des personnes extérieures afin d'obtenir un retour. Cela permet d'obtenir le meilleur résultat possible, car les personnes non impliquées découvrent souvent des erreurs que vous avez vous-même négligées. Les avis honnêtes et les critiques constructives sont essentiels à ce stade et la personne créative doit faire preuve d'une certaine ouverture d'esprit afin de ne pas perdre confiance en elle et en son produit. Une éventuelle révision après la cinquième phase mène au livre final et termine le processus créatif à partir d'une simple idée.

La **pause est** une phase intermédiaire possible dans tout processus créatif. Elle donne de l'espace à la tête qui tourne à plein régime tout le temps et permet au créateur de prendre de la distance par rapport au processus créatif. Cela peut permettre de trouver naturellement une autre idée ou d'être inspiré, et est particulièrement bénéfique avant la phase de réalisation.

Cela permet de consolider l'éclair d'esprit et de donner à la pensée suffisamment d'espace pour se développer sans aucune forme de contrainte. La quantité de pauses à prendre et l'opportunité d'en prendre dépendent fortement de la personne créative. C'est à vous de savoir ou d'essayer si une pause vous apporterait un avantage ou un inconvénient. Avez-vous des difficultés à trouver la motivation après une interruption et à continuer sans problème ?

Dans ce cas, il serait probablement préférable de faire des pauses aussi courtes que possible pendant la journée, en veillant à satisfaire tous les besoins de base afin de donner à votre corps suffisamment d'énergie pour continuer à travailler. Si vous n'avez pas de mal à revenir au processus créatif, à votre flow, alors les pauses pourraient vous faire avancer et sont recommandées.

La créativité est-elle importante ?

Oui, elle l'est. On pourrait même dire qu'elle est devenue la compétence la plus importante pour notre avenir. Sans créativité, nous serions confrontés à tous les problèmes et incapables de les résoudre. Les vieux problèmes qui nous assaillent depuis de nombreuses années nécessitent des solutions innovantes et c'est pourquoi nous avons besoin de nombreux esprits créatifs. Nous avons le changement climatique, des pays qui se font la guerre, des gens qui ne sont plus en sécurité chez eux et qui cherchent refuge dans d'autres pays, et en plus de cela, la pandémie de Corona est arrivée fin 2019 et nous demande beaucoup d'efforts. Mais si l'on y réfléchit, on se rend compte que cette détresse nous a rendus inventifs. Sans elle, nous n'aurions pas pu développer en si peu de temps tous ces nouveaux concepts qui permettent de continuer à profiter de la vie pendant la pandémie.

Oui, il y avait et il y a encore beaucoup de restrictions, mais cela aurait pu être encore plus dur si, par exemple, on n'avait pas développé des applications ou des concepts d'hygiène qui vous donnent la chance de manger avec votre famille malgré tout cela. Des solutions ont été trouvées pour presque tous les problèmes existants, que nous n'avons jamais eu à connaître de cette manière. Des défis sont apparus à partir des choses les plus banales, comme faire ses courses. Mais c'est surtout l'interaction entre la numérisation et la créativité qui a donné naissance à de nouveaux modèles commerciaux et à de nouvelles opportunités. On le voit, une crise nous oblige à suivre le caractère inhabituel de la situation, à la rattraper et à avoir une longueur d'avance sur elle, afin qu'elle ne nous contrôle pas, mais que nous la contrôlions. Ce contrôle crée un petit vide que nous devons considérer comme une opportunité de penser de manière divergente et de laisser libre cours à nos idées et à nos sens, afin que de nouvelles solutions trouvent leur chemin jusqu'à nous et que nous puissions surmonter cette crise et toutes celles à venir.

La créativité est également un atout dans la vie de tous les jours, car de plus en plus d'employeurs reconnaissent sa pertinence et l'exigent comme compétence pour leurs postes. Cela s'applique à tous les domaines professionnels, de la garde d'enfants aux plus grands hommes politiques. Tout le monde a besoin d'un certain niveau de créativité pour réussir et faire honneur à sa profession. En outre, la pratique de passe-temps liés à la créativité a un effet positif sur nous. Cela permet de se détendre, de se libérer l'esprit et de réfléchir à soi-même, à ses sentiments et à ses pensées. De plus, la créativité facilite la vie de chaque individu en raison d'une action orientée vers les solutions et l'innovation. Elle conduit à une forme de résilience, car une personne créative est consciente qu'une solution peut toujours être trouvée et que les problèmes ne l'affectent donc pas autant.

De nos jours, il y a un grand besoin d'esprits créatifs qui, avec leurs idées innovantes, font avancer l'humanité et garantissent son avenir. Nous savons que la Terre s'affaiblit, que les ressources se raréfient, que le niveau des mers augmente et que, pour y remédier à long terme, nous avons besoin de personnes qui agissent de manière créative et sensée et qui s'adaptent aux besoins du monde. Ce qui est crucial ici, c'est que plusieurs personnes créatives qui ont le courage de penser différemment, quitte à aller dans la mauvaise direction, à reconnaître leurs erreurs et à se relever ensuite pour continuer, peuvent créer une meilleure perspective. Cela est dû au fait qu'elles s'inspirent mutuellement de leurs visions et de leurs idées, que leur capacité de réflexion créative profite les unes aux autres, qu'elles peuvent progresser et trouver ensemble la clé qui convient à la serrure.

Cette interaction est particulièrement importante maintenant, au 21e siècle, pour que les gens apprennent à être ouverts les uns aux autres et à faire preuve de tolérance, car c'est ainsi que l'on obtient les meilleurs résultats et que l'on construit un avenir riche en nouveaux aspects et en nouvelles façons de vivre. En effet, la vie entière est une sorte de processus créatif qui doit être poursuivi. La créativité des gens est la raison de notre présent et sera la raison de notre avenir, car elle nous a toujours accompagnés, nous a aidés à formuler des solutions, à faire de nos visions une réalité et nous a permis de créer toutes les inventions qui nous semblent si évidentes aujourd'hui.

Il est donc dommage que le système éducatif ne considère pas la formation à la créativité comme suffisamment importante pour en parler abondamment et montrer aux élèves des moyens de devenir plus créatifs ou de stimuler leur créativité, qui s'affaiblit avec l'âge.

Qu'est-ce qui caractérise les personnes créatives ?

En 1968, George Land a lancé une étude à long terme pour tester la créativité de 1 600 enfants âgés de trois à cinq ans au cours de leur croissance. 98% des enfants de trois à cinq ans présentaient une pensée créative ou inadaptée, qui a diminué de 66% en cinq ans. Entre huit et dix ans, ils n'étaient plus que 32 % et, après cinq ans, c'est-à-dire entre 13 et 15 ans, ils n'étaient plus que 10 %. On s'est rendu compte que les enfants apprennent à penser de manière non créative et à se conformer à la norme. Cela peut être attribué aux règles, à l'éducation et à la pression sociale pour ne pas sortir des sentiers battus. Notre environnement et le système éducatif jouent également un rôle important et peuvent faire en sorte que nous ne soyons pas créatifs. Cependant, l'étude de Lands a également démontré que presque tout le monde a déjà la capacité d'être créatif. La grande majorité des enfants ont d'abord montré un comporte-ment créatif, qui a été progressivement supprimé par les influences extérieures. Heureusement, il est pos-sible d'y remédier et de retrouver sa créativité à l'âge adulte.

Maintenant, qu'est-ce qui distingue les personnes créatives de celles qui n'ont pas pu ou voulu résister à l'esprit de catégorisation de la société ?

Le psychologue de la créativité Mihály Csíkszent-mihályi a découvert que c'est leur complexité qui leur permet d'être créatifs et de le vivre sans obstacles. Complexité en termes de traits de caractère opposés, tels que l'imagination prononcée combinée à la proxi-mité de la réalité. Le fait qu'ils doivent être imaginatifs peut également être déduit du fait que les enfants sont connus pour être les êtres les plus imaginatifs et, comme nous l'avons déjà expliqué, les plus susceptibles de penser de manière créative. Ils ont une énorme imagination, peuvent voir un bateau de pirates entier dans une simple aire de jeux ou transformer un petit bâton en avion. Ils n'ont pas de limites et laissent libre cours à leur imagination comme personne d'autre, ce qui donne naissance aux idées les plus créatives.

Cependant, comme nous l'avons mentionné au début de ce guide, les produits créatifs doivent avoir une certaine utilité, et la proximité avec la réalité est essentielle. C'est pourquoi les enfants ne peuvent pas résoudre des problèmes de grande envergure en utilisant uniquement leur imagination.

Les personnes qui veulent agir et penser de manière créative doivent être très sensibles aux problèmes et capables d'analyser les situations d'une manière différente et nouvelle. En effet, de nombreux problèmes qui ont été ignorés ou déclarés sans importance pendant des années ne sont formulés en tant que tels que grâce à cette capacité et leur ampleur n'est donc reconnue que tardivement. Il est évident que la résolution de ces problèmes est également l'une des compétences les plus importantes que possèdent les personnes créatives. Le changement de perspective, la flexibilité et la capacité à combiner sont des atouts. Elles conduisent à une plus grande richesse d'idées et surtout, par la combinaison de plusieurs pensées, à des propositions innovantes qui font la créativité.

Il est extrêmement important d'être tolérant vis-à-vis des erreurs ou des solutions qui n'ont pas fonctionné et de penser ensuite avec optimisme qu'une autre voie est peut-être la bonne, car on peut tirer de nouvelles informations ou conclusions des erreurs et les utiliser pour continuer à travailler et à essayer de nouvelles choses. Le fait de devoir être suffisamment spontané et ouvert pour changer soudainement de voie et s'adapter à la nouvelle situation est une condition préalable pour ne pas se laisser abattre. Il faut donc avoir le courage de prendre des risques, d'échouer et surtout de sortir des sentiers battus si l'on veut être créatif. Une certaine dose de confiance en soi et la volonté de s'affranchir de la masse et de ses schémas de pensée ne font donc pas défaut aux créatifs.

La passion pour le projet et la pensée créative en général est également essentielle, surtout pendant les phases de réalisation, car il peut arriver que l'on doive travailler de nuit et gérer des contraintes de temps lorsqu'on a un client, par exemple. L'auto-discipline et la capacité à se motiver sont deux aspects importants de la création, et une personne créative est capable de trouver l'équilibre entre calme et énergie. Pour y parvenir, il faut s'entraîner et connaître ses propres limites.

En outre, les créatifs ont la capacité de combiner plusieurs domaines de perception, de créer des associations et d'utiliser leurs sens autant que possible. Les personnes qui ont cette capacité particulièrement développée sont appelées synesthètes.

Un exemple connu dans le domaine des arts plastiques est l'artiste Kandinsky, qui a créé d'innombrables œuvres impressionnantes grâce à sa synesthésie. Pour cela, il associait la couleur, la sensation et le son, car pour sa perception, chaque élément se fondait dans l'autre et s'y retrouvait. Grâce à cette capacité, Kandinsky a pu peindre des tableaux qui n'avaient jamais été réalisés auparavant. Sa créativité était sans limite grâce à sa synesthésie. Bien sûr, il s'agit d'une sorte de prédisposition, un talent que tout le monde n'a pas reçu à la naissance, mais de nombreuses capacités qui font une personne créative peuvent être entraînées. Et vous en avez certainement déjà eu quelques-unes quand vous étiez enfant, et en faisant des exercices en plus de votre volonté de retrouver votre créativité, vous pouvez y arriver.

Blocages de la créativité

Avez-vous déjà ressenti ce sentiment lorsque quelque chose se dresse entre vous et votre créativité ? C'est comme si quelqu'un construisait un mur autour de vous, vous empêchant d'accéder à votre pensée créative. De tels blocages de la créativité rendent difficile et empêchent les personnes créatives de trouver des idées ou d'avoir des flashs. Mais qu'est-ce qui se cache derrière ce blocage et comment savoir s'il s'agit d'un blocage de la créativité ?

Le perfectionnisme est considéré comme l'un des blocages les plus courants lorsqu'il s'agit d'exprimer sa créativité. Il empêche la pensée divergente, car on est trop focalisé sur la recherche de l'idée parfaite. Or, dans la plupart des cas, parfait n'est pas synonyme d'innovation ou d'originalité. La volonté et l'exigence de perfection vis-à-vis de soi-même et de sa créativité empêchent la liberté et la flexibilité dont la pensée a besoin pour se former, se trouver et se connecter. Au sein de ce blocage, il y en a un autre, celui de la **tension**.

Le perfectionnisme entraîne une grande peur de l'erreur et il est difficile d'accepter les défis qui surviennent au cours du processus créatif, car ils perturbent la volonté de perfection et rendent le chemin plus difficile. La réaction n'est donc qu'une tension supplémentaire et les idées se font de plus en plus rares, car l'esprit est trop occupé à chercher une nouvelle voie parfaite.

De plus, les **pressions** extérieures, qu'elles soient temporelles ou environnementales, peuvent également entraver la créativité. En effet, une idée bonne et nouvelle doit prendre le temps nécessaire pour développer son potentiel maximal. Si vous n'avez pas bien géré votre temps ou si vous êtes pressé par le temps pour une raison quelconque au cours d'un processus créatif, vous adoptez une attitude qui passe souvent à côté de l'essentiel et qui vous empêche de garder l'esprit clair. Cela conduit souvent à une attitude pessimiste, qui constitue un autre blocage de la créativité, car **le pessimisme** entraîne une approche négative qui ne peut manifestement pas donner de bons résultats.

Cela vous privera du plaisir de penser et d'agir de manière créative. Les problèmes ne seront plus considérés comme une opportunité d'utiliser votre créativité, mais comme quelque chose de négatif. Quelque chose qui vous gêne, qui vous pèse. C'est précisément ce qui est crucial, car les problèmes ne doivent pas être considérés comme des obstacles, mais doivent être abordés avec une attitude optimiste, sinon la résolution de ces problèmes deviendra très difficile et épuisante.

Vouloir préserver la **routine** et rester dans l'habitude sont d'autres blocages à la créativité, car cela représente fondamentalement l'exact opposé de l'action créative. Un processus créatif caractérisé par une certaine routine ne donnera pas un produit créatif et doit être évité.

Cela est dû au fait que l'on fait des erreurs de raisonnement et que l'on ne les perçoit pas comme telles, car c'est devenu une habitude de penser ainsi. Elles se répètent et ne font probablement que se renforcer mutuellement, de sorte qu'aucun résultat présentable n'est obtenu. S'éloigner de la routine et créer quelque chose de différent est particulièrement difficile si, par exemple, vous accordez trop d'importance à l'opinion de votre entourage. Il est certain que d'autres personnes n'aimeront pas ou n'approuveront pas vos produits créatifs. Cela peut vous déstabiliser, vous décourager et perturber votre créativité. Surtout si votre entourage n'émet pas de critiques constructives, mais cherche uniquement à vous dénigrer, vous, votre pensée créative et le produit qui en résulte.

Techniques de créativité

Outre les blocages de la créativité mentionnés ci-dessus, il existe heureusement des techniques de créativité qui peuvent favoriser les processus créatifs et aider à développer des idées de meilleure qualité. En outre, tout le monde peut les appliquer et les utiliser pour soutenir la pensée créative. Il est également souvent possible de partager les techniques avec une ou plusieurs personnes, ce qui permet d'augmenter la richesse des idées et de s'entraider. En principe, les techniques sont classées en trois groupes différents. Il y a les techniques intuitives, les techniques discursives et la combinaison de ces deux types, les techniques intuitives étant basées sur des associations et permettant d'obtenir de nombreuses idées en très peu de temps. En revanche, les techniques discursives se concentrent sur l'analyse et suivent un système plus fort pour trouver des idées.

Un exemple de technique de créativité intuitive est la **technique 6-3-5**, où le 6 représente six participants, le 3 représente trois idées et le 5 représente cinq répétitions. Chaque participant reçoit une feuille sur laquelle il note trois idées sur le sujet ou le problème en question. Ensuite, les feuilles circulent et les idées des uns et des autres sont développées ou reliées entre elles. Une fois que chaque participant a eu en main chacune des six feuilles, les notes complètes sont discutées. L'objectif est de transformer de nombreuses propositions spontanées en concepts bien pensés, ce qui découle du fait que plusieurs personnes ayant des compétences, des valeurs et des idées créatives différentes travaillent ensemble et partagent leurs connaissances.

La **technique ABC** est une autre technique intuitive dont le principe de base est de trouver des associations avec chaque lettre de l'alphabet. Pour ce faire, il suffit de partir d'un problème ou d'un thème et de remplir une feuille contenant les lettres A à Z. Si vous avez des difficultés à remplir des lettres telles que Q, X ou Y avec une association, vous pouvez les omettre.

Une grande place est laissée à la pensée et le système strict des mots individuels correspondant aux lettres facilite la concentration sur l'essentiel, tout en permettant de penser plus loin que vous ne l'auriez fait autrement. Cette technique est donc très utile si vous avez du mal à maîtriser le début d'un processus créatif et vous guide, en quelque sorte, à travers la phase de préparation et de recherche d'idées. Il vous sera ensuite plus facile de comparer les idées, associations ou sous-points du thème initial que vous avez collectés, de les trier, de les combiner et de les utiliser pour formuler un début de solution.

Il en va de même pour le **brainstorming**, qui consiste à réfléchir intensément à un sujet et à noter toutes les idées qui vous viennent à l'esprit. Rien n'est rejeté, évalué ou considéré comme moins bon. Une pensée divergente est requise et beaucoup de temps de réflexion est nécessaire. Il s'agit vraiment de trouver et d'extraire tout ce que votre esprit pense sur le sujet. Ce n'est que lorsque vous avez le sentiment que votre esprit est désormais vide que vous pouvez passer à la phase suivante et commencer à évaluer, améliorer ou rejeter ce que vous avez collecté.

Certaines personnes réussissent mieux le brainstorming lorsqu'elles sont en mouvement. Elles se promènent avec un carnet de notes à la main ou, pour plus de commodité, enregistrent un enregistrement vocal, ce qui leur permet de prendre plus facilement des notes et peut-être de les classer directement. Ce type de technique de créativité fonctionne également très bien avec un partenaire, car l'échange d'idées peut être source d'inspiration.

Un autre type de technique de brainstorming est la **méthode dite du poirier**. Elle repose sur le fait qu'il est plus facile pour de nombreuses personnes d'émettre des critiques et de penser négativement plutôt que de conserver une attitude optimiste et utile. Le poirier se fait mentalement et se réfère à la question ou au point de départ. Pour cette technique, il faut donc reformuler le problème, de manière à ce que les intentions et la nouvelle situation deviennent exactement l'inverse du problème initial. Si l'étape de l'inversion de la formulation est terminée, il faut maintenant prendre des notes et rassembler des idées et des procédures possibles pour le nouveau problème.

Le brainstorming est ici très efficace, car plus on trouve de propositions contraires et plus on réfléchit au nouveau problème, plus la solution réelle sera délimitée et il sera en fin de compte plus facile de trouver l'idée optimale pour le problème initial, car l'étape suivante consiste à réécrire les notes pour qu'elles correspondent à la situation de départ. Il faut penser différemment.

Tous les adjectifs doivent maintenant devenir le contraire les uns des autres. Par exemple, "J'ai besoin d'un matériau instable pour que le produit se casse à chaque fois que vous l'utilisez" devient "J'ai besoin d'un matériau stable pour garantir la solidité et la longévité du produit". Les nouvelles propositions peuvent ensuite être examinées, a- méliorées et combinées en un projet final. Cette technique est considérée comme un changement de perspective particulier, que tout le monde ne peut pas forcément adopter facilement. Néan- moins, il y a certainement des personnes que cette façon de penser aide à progresser et soutient dans leur processus créatif.

Le **mindmapping** est un autre type intuitif de techniques de créativité, mais qui implique déjà un peu plus d'analyse et de système, puisqu'il s'agit de rassembler et d'organiser des idées, des sous-points ou des pistes de réflexion. Pour ce faire, le point de départ est souvent placé au centre et des traits ou des flèches sont tracés vers d'autres concepts clés. Vous pouvez diviser une mind map en plusieurs sections, utiliser des marqueurs de couleur pour obtenir une vue d'ensemble et identifier les liens.

Comme il peut vite devenir difficile de s'y retrouver si vous notez trop d'informations, veillez à ne noter que les éléments les plus importants. Néanmoins, les cartes heuristiques sont une bonne méthode pour développer un concept ou une idée, car il est possible d'ajouter des flèches et d'élargir l'ensemble par la suite. Elle permet d'avoir une vue d'ensemble de tous les sous-points et favorise la créativité.

Outre les techniques de créativité intuitives, il existe également des techniques discursives, dont la **méthode Osborn est** un bon exemple. Elle a été développée par Alex Osborn, qui a également établi le brainstorming. Cette méthode est basée sur un ensemble de questions qui examinent complètement un concept existant. Ainsi, en répondant aux questions, vous analyserez, repenserez et, dans le meilleur des cas, améliorerez chaque aspect du produit ou de l'approche déjà conçu. Les questions que vous devez vous poser sont les suivantes : À quoi cela peut-il servir de plus ? Peut-on ajouter ou mettre en valeur quelque chose ? Peut-on réduire ou diminuer quelque chose ? Peut-on remplacer quelque chose ? À quoi cela ressemblerait-il si vous faisiez l'inverse ? Peut-on combiner des idées ou des parties individuelles ? Peut-on réorganiser quelque chose ?

L'**analyse de l'arbre de pertinence** est très similaire à une carte mentale, mais la différence réside dans le fait que l'accent est mis sur l'analyse du problème. Ainsi, le problème représente le tronc de l'arbre et les branches représentent les différents sous-groupes et informations le concernant. Plusieurs niveaux sont créés et une valeur est attribuée à chaque branche, ce qui permet d'identifier facilement ce qui est le plus pertinent pour le problème. Lors de la création de l'arbre, vous devez donc sélectionner et trier dès le départ. Cela facilite ensuite le processus créatif et vous aide à concevoir une approche de la solution, car vous pouvez déjà facilement identifier le problème et ses caractéristiques. De plus, le classement par pertinence aide le cerveau à travailler plus rapidement et plus efficacement, car l'arbre de pertinence lui permet d'éliminer directement ce qui n'est pas important.

La méthode combinée la plus connue s'appelle la **méthode Walt Disney** et provient en fait des créateurs de Disney. Elle a été développée pour lutter contre les blocages et faciliter le changement de perspective. Le principe de base est de se glisser dans trois rôles différents ; le rêveur, le réaliste et le critique. Soit vous travaillez avec deux autres personnes et chacune se voit attribuer l'un des rôles, soit vous essayez d'endosser les trois rôles et de passer de l'un à l'autre, mais cela peut être difficile. En principe, si vous êtes plus de trois, plusieurs personnes peuvent également assumer un rôle ensemble. Dans ce cas, de petites équipes se forment, au sein desquelles les personnes doivent se concerter et travailler ensemble.

Une fois tous les rôles distribués, le rêveur commence le processus en trouvant une vision qu'il juge imaginative et impressionnante. Il ne faut laisser aucune place à la logique, car il s'agit de laisser libre cours au chaos et à l'imagination. Ensuite, la vision du rêveur est transmise au réaliste, qui continue à la penser en restant le plus proche possible de la réalité. Son rôle est en effet de vérifier et d'évaluer la faisabilité et le potentiel de la vision, afin qu'elle puisse ensuite être confiée au critique.

Il analyse et critique la vision révisée et tente d'en faire une idée utile, pertinente et réalisable. Il peut également poser autant de questions que nécessaire au rêveur et au réaliste afin de parvenir à une évaluation détaillée de la vision. Une fois qu'il a terminé, la vision modifiée est rendue au rêveur, qui continue alors à la penser avec son imagination. Ce cycle est répété jusqu'à ce que les trois positions soient satisfaites. Cela signifie que le rêveur est enthousiasmé par la vision et que ses souhaits sont satisfaits, que le réaliste est convaincu de la faisabilité et que le temps, les compétences et le matériel nécessaires sont accessibles, et que le critique ne peut ou ne veut plus poser de questions ou formuler de critiques constructives.

Les avantages de cette méthode résident dans le changement de perspective très efficace et l'interaction de ces différents points de vue en un seul qui convainc toutes les perspectives. On obtient ainsi des résultats extrêmement réfléchis, qui font preuve d'une grande créativité de la part du

rêveur, mais qui peuvent néanmoins être mis en
pratique par le réaliste et le critique, et qui répondent
à l'aspect de l'utilité.

Conseils pour stimuler votre créativité

CONFIANCE EN SOI

Soyez convaincu de votre propre créativité et de vos capacités. Une approche confiante et une attitude positive vous protègent des incertitudes et des blocages de la créativité qui en découlent. Ne vous laissez pas abattre par des opinions négatives, mais croyez en vous ! Pour cela, il peut être utile de distribuer des petits papiers avec de courtes affirmations positives dans votre espace de travail, de les accrocher au mur ou à un miroir, afin de vous rappeler vos capacités. Vous pourriez par exemple écrire : "Mon imagination est sans limite !", ou "La créativité est précieuse ! Si ce n'est pas pour vous, il vous suffit de prendre un moment de temps en temps pour valoriser vos réussites et vous rendre compte mentalement que ce que vous avez créé jusqu'à présent est formidable. Vous devez devenir votre plus grand fan et ne pas vous en vouloir si quelque chose ne se passe pas exactement comme vous l'espériez ou si cela prend plus de temps.

1. **Préparation**

Préparez-vous et préparez votre environnement si vous souhaitez exprimer votre créativité. Créez une atmosphère calme et agréable en utilisant un bon éclairage, éventuellement une musique douce en arrière-plan, et veillez à être à l'aise. Il est également préférable d'avoir tout ce dont vous avez et pourriez avoir besoin à portée de main. Placez un verre d'eau, une tasse de thé ou de café sur votre espace de travail, préparez différents matériaux afin de pouvoir y accéder immédiatement en cas d'éclair de génie. Par exemple, si vous souhaitez peindre un tableau, une sélection de peintures acryliques, de crayons, de crayons de couleur, d'aquarelles ou même de crayons de cire est idéale. Il est donc important de donner à votre créativité différentes options. En particulier, la combinaison de plusieurs supports artistiques donne souvent des résultats très créatifs. Il est souvent utile d'éteindre tous les écrans ou de placer le téléphone dans une pièce séparée afin d'éliminer toute source d'interférence avant de commencer le processus créatif.

2. **Aucune limite**

Essayez de penser de manière plus enfantine et de laisser autant d'espace que possible à vos idées et pensées. Cela vous aidera à sortir de votre zone de confort, sans vous critiquer ou considérer comme mauvais le fait de penser différemment et d'avoir des idées qui ne correspondent peut-être pas à la norme. Être créatif, c'est être original, penser hors des sentiers battus et ne pas se fixer de limites. Rêver et laisser votre cerveau faire le travail pendant que vous êtes assis dans le bus, que vous vous détendez sur le canapé ou que vous faites du shopping peut aussi souvent donner lieu à d'excellentes idées. Imaginez simplement que votre créativité est une petite bulle qui peut se développer et s'étendre, à condition qu'il y ait suffisamment d'espace pour qu'elle ne se heurte à rien et n'éclate pas. La bulle contient vos idées et vos solutions aux problèmes, qui se multiplient et s'améliorent au fur et à mesure de la croissance de la bulle elle-même. Cet espace dont la bulle a besoin, votre créativité le mérite également.

3. **Variation**

Parfois, un changement de décor peut s'avérer nécessaire pour stimuler votre créativité. Cela signifie qu'au cours d'un processus créatif, vous pouvez arriver à un point où vous avez besoin d'un changement d'espace. Cela peut prendre la forme d'une promenade, c'est-à-dire d'air frais et de mouvement, ou même d'un changement de lieu de travail ou de pièce. La forêt, par exemple, peut avoir un effet apaisant et inspirant sur vous, et c'est un endroit agréable pour se dégourdir les pieds. En option, vous pourriez aussi vous asseoir dans un café de votre choix au lieu de votre bureau et vous laisser inspirer par cet environnement. En changeant d'environnement, vous aurez de nouvelles influences et de nombreuses choses à percevoir : l'odeur du café, les conversations en arrière-plan, le bruit de la machine à café ou de la porte lorsque les clients arrivent ou partent. Vos sens sont maintenant sollicités d'une manière différente et peuvent transformer les perceptions en inspiration et en nouvelles idées.

4. **Transformer le négatif**

Si vous ressentez de la frustration, de la pression ou tout autre type d'émotion négative, ne vous laissez pas déstabiliser, mais utilisez ces sentiments et transformez-les en art et en créativité. Il est tout à fait naturel de ne pas toujours avoir des sentiments positifs et de se sentir frustré pendant un processus créatif. Qu'il s'agisse d'un dessin que vous jugez raté ou qui ne répond pas à vos attentes, ou encore d'un blocage dans l'écriture dont vous ne parvenez pas à vous débarrasser, il est important que vous vous sentiez à l'aise dans votre travail.

Essayez d'utiliser les émotions dans ces situations en prenant un stylo et en écrivant ou en gribouillant simplement sur une feuille de papier vierge. Peu importe le résultat, il s'agit simplement de transformer vos émotions en un produit créatif. Il se peut que vous obteniez un texte plein d'émotion ou un dessin involontaire qui soit vraiment agréable à regarder. Prenez conscience que toute émotion est valide et que vous êtes toujours en mesure de la transformer et donc de l'atténuer ou de vous en débarrasser. Vous n'avez pas besoin d'être d'humeur parfaite ou de vous sentir inspiré pour pouvoir utiliser votre créativité, car votre humanité et votre volonté suffisent amplement.

5. **Prenez votre temps**

Vous n'obtiendrez pas de bons résultats en forçant les idées et les solutions, car les produits créatifs et le chemin qui y mène nécessitent de la patience et du temps. De nombreuses techniques de créativité décrites précédemment, telles que le brainstorming, nécessitent également un certain temps, qui fait partie intégrante de la pensée et de l'action créatives. Malheureusement, il n'est pas possible de provoquer un éclair de génie en appuyant sur un bouton, et il est donc important que vous vouliez et puissiez prendre ce temps.

Par exemple, si vous êtes sur le point d'écrire un livre et que vous voyez venir une période de travail stressante, vous devriez peut-être faire une pause et reprendre votre travail lorsque vous n'avez plus de temps à consacrer à autre chose. Sachez que faire des pauses est positif et signifie que votre créativité peut se ressourcer et s'épanouir. Se détendre, se distraire et donner du temps à votre esprit sont des aspects importants de l'activité créative.

6. **Essayez (vous)**

Comme vous l'avez peut-être déjà remarqué, il existe de nombreuses façons différentes de stimuler votre créativité. Au sein des techniques de créativité, il existe différentes approches et certains avantages et inconvénients qui sont pondérés différemment pour chaque personne créative. En fonction de son potentiel créatif et de ses traits de caractère, une personne peut avoir plus de facilité à se mettre dans la peau d'un personnage et à réussir le changement de perspective avec la méthode Walt Disney, alors que le tri des différents sous-thèmes et aspects d'un problème avec l'analyse de l'arbre de pertinence ne lui conviendrait pas. Vous devez trouver par vous-même ce qui vous convient le mieux et ce qui stimule le plus votre créativité.

L'environnement, votre espace de travail, la musique de fond ou l'heure à laquelle vous pouvez être le plus créatif sont autant d'éléments qui vous sont propres. Essayez différentes options jusqu'à ce que vous vous sentiez à l'aise et que vous trouviez ce qui fonctionne le mieux pour vous.

Il peut même être utile de prendre des notes si vous avez remarqué que vous vous sentez plus inspiré, par exemple si vous avez la possibilité de regarder par la fenêtre lorsque vous travaillez. Au début, cependant, cela peut être difficile et vous pouvez rencontrer des blocages créatifs, faire des erreurs ou ne pas voir de progrès. Mais je peux vous assurer qu'à un moment ou à un autre, vous aurez trouvé le cadre idéal pour être créatif et que votre créativité sera moins entravée.

7. **Accepter l'aide**

Si vous ne savez plus quoi faire ou si aucune des techniques de créativité ne peut vous aider en ce moment, n'ayez pas peur de demander conseil à d'autres personnes. Un échange avec un ami, un membre de la famille ou un collègue peut certainement vous donner de nouvelles idées ou un autre point de vue sur votre problème ou votre première idée. Cela vous donnera de nouvelles idées et perspectives que vous pourrez traiter et mettre en œuvre de manière créative. Demander conseil ne signifie pas que votre créativité n'est pas assez bonne ou que vous n'avez pas assez d'idées. Cela montre plutôt que vous êtes ouvert à l'opinion des autres et que vous voulez arriver à un bon résultat, car lorsqu'un autre esprit créatif travaille avec le vôtre, vous augmentez mutuellement votre créativité et le produit devient encore plus innovant.

Pour vous inspirer, vous pouvez bien sûr chercher sur Internet des images, des textes ou des chansons qui vous conviennent et développer de nouvelles idées à partir de ceux-ci.

8. **Pleine conscience**

Être plus attentif vous aidera à mieux percevoir votre environnement et les nombreuses impressions qu'il offre, et contribuera ainsi à stimuler votre créativité. La raison en est que la pleine conscience vous permet d'exprimer pleinement vos sens et vous donne la possibilité d'utiliser le monde qui vous entoure de manière plus intense et plus efficace pour vous inspirer et vous ressourcer.

Vous pouvez combiner ce conseil avec le quatrième, car le fait d'être attentif tout en découvrant différents lieux vous permettra d'avoir de nombreuses idées. Souvent, nous ne nous rendons pas compte de tout ce qui se passe autour de nous parce que nous sommes trop concentrés sur notre objectif ou que nous nous perdons dans nos pensées. Pour éviter cela et devenir plus attentif, vous pouvez vous poser quelques questions si vous souhaitez être plus conscient de votre environnement. Essayez de voir comment votre environnement vous affecte, ce qu'il y a à voir ou quels sons vous pouvez percevoir. Utilisez vos sens de manière consciente et attentive afin de pouvoir emporter avec vous le plus d'impressions possible après coup et de les transformer en pensée et en action créatives.

9. **Exercice**

Il est bien connu que la pratique rend parfait et, en termes de créativité, c'est un aspect important à prendre en compte. N'abandonnez pas parce que tout ne fonctionne pas immédiatement ou parce que vous pensez que vous ne faites pas de progrès. La créativité peut être comparée à un muscle qui s'atrophie avec le temps s'il n'est pas utilisé suffisamment souvent.

Il faut du temps et surtout beaucoup d'entraînement pour que les muscles se renforcent et se développent, c'est pourquoi stimuler votre créativité ne se fait pas en un seul exercice. La répétition, l'essai et une certaine régularité sont essentiels pour constater les progrès. Essayez d'éviter les blocages de la créativité et de créer le meilleur environnement possible dans lequel vous vous sentez à l'aise et où votre créativité peut s'épanouir.

Vous pouvez par exemple noter ces conseils sous forme de mots-clés et les passer en revue avant de vous lancer dans un processus créatif. Et n'oubliez pas : plus vous pratiquez souvent et intensément, plus votre créativité sera stimulée.

Exercices

ENTENDRE LES COULEURS

Dans cet exercice, vous essayez de vous mettre à la place d'un synesthète et d'acquérir ainsi la capacité d'entendre les couleurs. Vous aurez besoin d'une ou plusieurs feuilles, de pinceaux, d'eau et de peinture acrylique, d'aquarelle ou simplement de crayons de couleur. La peinture acrylique serait probablement le meilleur choix, car elle vous permet d'obtenir un résultat de couleur très intense. Pour commencer l'exercice, vous pouvez soit mettre une chanson que vous connaissez déjà (peut-être même votre préférée), soit en choisir une que vous n'avez jamais entendue auparavant. Ma recommandation serait "Experience" de Ludovico Einaudi, car c'est un morceau impressionnant qui n'a pas besoin de mots pour raconter toute une histoire. Selon la longueur de la chanson choisie, cet exercice prendra plus ou moins de temps.

Laissez-vous aller à cet exercice, détendez-vous et oubliez autant que possible tout ce qui vous entoure pour laisser votre créativité se concentrer sur la musique sans être dérangée. Remplissez la feuille de couleurs et de formes correspondant à la musique et peignez ce que vous entendez et ressentez sans le juger ni y penser. Il n'est pas non plus nécessaire que ce soit rationnel ou réaliste, car les aplats de couleurs et les formes sont suffisamment éloquents. Laissez le contrôle à vos sens et à votre créativité. Il n'y a pas de bonne ou de mauvaise réponse, car chaque personne a une perception individuelle et arrivera à un résultat différent en fonction de son expérience, de sa personnalité et de son état émotionnel du moment.

Si vous avez du mal à retranscrire ce que vous entendez sur une feuille, vous pouvez vous poser quelques questions pour vous faciliter la tâche : Ce que j'entends est-il plutôt sombre ou clair ? Est-ce que cela me semble coloré, uniforme, sauvage ou triste ? Quelle est la place occupée par telle ou telle couleur et quelle est l'intensité de la sensation qu'elle procure ? Les différentes parties du morceau ont-elles des couleurs différentes et, si c'est le cas, comment puis-je le représenter ? Que dit la chanson et comment puis-je exprimer cette histoire en couleurs et en formes sans utiliser de mots ?

Une fois le morceau terminé, vous pouvez regarder votre tableau et admirer ce que votre créativité et votre capacité à transformer les perceptions et à créer des associations ont produit. Vous pouvez répéter cet exercice autant de fois que vous le souhaitez avec d'autres morceaux de musique et ainsi renforcer votre pouvoir de création.

1. Être quelqu'un d'autre

Comme le titre de cet exercice l'indique, vous allez essayer pendant un court instant d'être quelqu'un d'autre et de vous mettre à la place d'une personne totalement étrangère. Pouvoir changer de point de vue et faire abstraction de ses propres pensées et opinions sont des compétences importantes dont l'action et la pensée créatives ont besoin pour aboutir à des résultats innovants, originaux et utiles. C'est pourquoi cet exercice est un entraînement au changement de perspective, pour lequel il est préférable de se rendre dans un lieu public. Un parc ou un café, par exemple, conviendrait parfaitement, car vous aurez la possibilité de vous y asseoir en toute tranquillité. Emportez votre ordinateur portable ou un carnet dans lequel vous pourrez écrire quelques pages.

Une fois que vous avez trouvé l'endroit qui vous convient, vous pouvez maintenant regarder autour de vous et observer votre environnement. Prenez le temps d'observer chaque personne, en veillant à ne pas trop la dévisager et à ne pas la mettre mal à l'aise. Lorsque vous êtes prêt, vous pouvez choisir n'importe quelle personne que vous trouvez particulièrement intéressante ou qui vous a directement tapé dans l'œil, par exemple.

Imaginez que vous êtes dans le corps de la personne choisie et que vous voyez le monde à travers ses yeux. Écrivez ce que vous ressentez, pensez et faites dans la position de cette personne. Il est essentiel de ne pas se replier sur votre propre perspective, mais de toujours écrire du point de vue de la personne. Vous pouvez le faire sous la forme d'un journal ou simplement en notant les pensées de manière cohérente afin d'obtenir un texte complet.

Pour faciliter cet exercice, voici quelques questions que vous pouvez vous poser du point de vue de la personne et auxquelles vous pouvez ensuite répondre par écrit : Comment est-ce que je me sens ? Qu'est-ce qui me préoccupe ? Ai-je des enfants ou un partenaire ? Est-ce que je vis seul(e) et à quoi ressemble mon domicile ? Quel est mon travail et en suis-je satisfait ? Quels sont mes centres d'intérêt ? Est-ce que je viens souvent ici ou pourquoi suis-je ici maintenant ? Qu'est-ce que je fais aujourd'hui ? Qu'est-ce que je ne dois surtout pas oublier avant de rentrer chez moi ? Qui sont exactement les personnes qui sont ici avec moi, ou pourquoi suis-je seul ici ?

Lorsque vous êtes prêt, vous pouvez arrêter l'exercice et revenir à vous-même et à vos propres pensées. Prenez le temps d'observer la personne pendant un moment avant de relire le texte et de voir si vous avez eu du mal à changer de perspective. Si vous le souhaitez, vous pouvez répéter cet exercice un autre jour ou à un autre endroit et vérifier si cela vous semble plus facile ou si vous constatez des progrès.

2.   Combinaison d'animaux

Cet exercice fait appel à votre imagination et à votre capacité à transformer deux choses différentes en une seule. Il s'agit en l'occurrence de deux animaux aussi différents que possible que vous allez combiner à l'aide de votre créativité. Pour cela, vous aurez besoin d'une feuille de papier et d'un crayon ou de plusieurs crayons de couleur. Il peut également être utile d'imprimer des images des deux animaux choisis ou de les ouvrir sur votre ordinateur portable pour vous aider à vous orienter.

Votre choix doit être tel que la combinaison crée un être totalement nouveau, que vous n'avez jamais vu auparavant. Il serait donc peu pratique et surtout contre-productif de choisir un âne et un cheval ou un chat et un chien. Soyez audacieux et essayez par exemple un mammifère combiné avec un reptile ou un poisson.

Une fois que vous avez pris votre décision, vous pouvez commencer à laisser libre cours à votre imagination et à votre créativité en dessinant la combinaison d'animaux sur la feuille. Peu importe le réalisme ou la perfection du dessin ou des différentes parties du corps, l'important est de penser et de combiner de manière créative.

Pour cet exercice également, certaines questions peuvent vous aider : Sur quoi est-ce que je veux me concentrer et quel doit être le point de départ ? Qu'est-ce que je veux reprendre de tel ou tel animal ? Est-ce que je veux que l'on reconnaisse encore l'animal d'origine ? Comment puis-je modifier les proportions et qu'est-ce qui doit être de quelle taille ? Quelles parties du corps sont les plus importantes et qu'est-ce qui peut être supprimé ? Puis-je également rendre l'ensemble anatomiquement correct ou dois-je m'éloigner de la logique ? Quelles sont les capacités physiques que je veux donner au nouvel animal et quelles parties du corps doivent être présentes pour cela ? Ai-je veillé à donner une part à peu près égale aux deux animaux ? Quel serait le nom de l'animal ?

Vous n'avez aucune limite et si votre combinaison d'animaux n'a finalement aucun sens anatomique, c'est tout à fait acceptable. Plus c'est fou, nouveau et surtout original, mieux c'est ! Cet exercice néglige l'aspect utilitaire qu'un produit créatif devrait normalement remplir. En effet, l'accent est mis uniquement sur l'exercice de votre pensée créative et la mise en relation de plusieurs perceptions. Une fois que vous avez terminé la combinaison d'animaux et que vous êtes satisfait, vous pouvez répéter l'exercice en essayant cette fois de prendre d'autres parties du corps et d'obtenir ainsi un résultat différent. En recommençant et en repensant, vous stimulerez encore plus votre créativité et il vous sera plus facile à l'avenir de trouver plusieurs solutions à un seul problème.

3. Utilité

L'exercice précédent ayant négligé l'aspect utilitaire, cet exercice se concentrera précisément sur cet aspect. En principe, vous n'avez besoin que d'une pièce remplie d'objets, d'une feuille de papier et d'un stylo. Regardez autour de vous et observez les différents objets qui se trouvent dans votre environnement. Si vous voyez un objet qui attire particulièrement votre attention, vous pouvez le placer devant vous et commencer l'exercice.

L'objectif est de découvrir l'utilité étendue d'un objet et d'imaginer les autres fonctions qu'il pourrait avoir. Pour ce faire, essayez de rester le plus proche possible de la réalité et de l'objectif, et de mettre la logique au premier plan. Pour ce faire, vous pouvez créer une carte mentale centrée sur l'utilisation réelle de l'objet et l'enrichir ensuite d'options que vous aurez imaginées. Il peut être utile d'analyser toutes les caractéristiques de l'objet choisi et de les transformer en mots-clés pour en faire des sous-points de la carte mentale.

Voici quelques questions qui vous aideront à répondre à cette question : Pour quelle raison l'objet a-t-il été conçu ? Quelle est la tâche principale de l'objet ? Qu'est-ce qui caractérise particulièrement mon objet ? Est-il lourd ou léger ? Est-il mobile, ajustable, grand ou petit ? Peut-il être plié ou étendu ? Quelles sont les propriétés ou les caractéristiques qui pourraient conduire à une nouvelle fonction ? L'objet peut-il être utilisé à d'autres fins dans la vie quotidienne ? Est-il possible de modifier l'objet pour lui donner une utilité plus polyvalente ?

Comme vous l'avez peut-être remarqué, la dernière question concerne la modification de l'objet. Il s'agit d'une extension possible de l'exercice, qui ne doit être faite que lorsque toutes les propriétés et caractéristiques ont été examinées et qu'aucune autre utilisation n'a été trouvée. Vous pouvez maintenant réfléchir à la manière dont l'objet pourrait être modifié ou à ce qui serait nécessaire pour pouvoir l'utiliser dans un autre domaine de la vie quotidienne. Pour cela, vous pouvez faire cet exercice mentalement ou sous forme de croquis. Concevez un nouvel objet d'usage courant à partir de l'objet que vous avez choisi, en essayant d'abord d'y apporter le moins de modifications possible afin de conserver le principe de base initial.

Cet exercice stimulera votre créativité en exerçant votre raisonnement logique et votre capacité à innover. Plus vous ferez l'exercice avec des objets différents, plus il vous sera facile de vous concentrer sur l'essentiel, c'est-à-dire sur les caractéristiques principales d'un objet et son utilité, et de faire naître des innovations à partir de ces connaissances.

4. Et si ...

Cet exercice fait appel à votre imagination et a pour but de vous aider à développer de nouveaux schémas de pensée et à vous éloigner de la pensée habituelle. Vous devez donc vous poser la question suivante : "Et si... ?", en imaginant des scénarios possibles dans votre tête ou en les écrivant. Pour ce faire, vous aurez besoin d'un carnet de notes ou d'un ordinateur portable pour rédiger un texte. Vous pouvez choisir le niveau de détail du texte en fonction du scénario, donc laissez suffisamment de liberté à vos pensées sans les mettre sous pression. Ce n'est absolument pas un problème si vous avez plus d'idées sur un sujet et moins sur un autre.

Un exemple possible serait : Que se passerait-il si j'étais du sexe opposé ? Quel serait mon nom ? Quelle serait mon apparence ? Où serais-je en ce moment et aurais-je quand même le même travail ? Aurais-je un partenaire ou qui serait mon type ? À quoi ressemblerait mon cercle d'amis ?

Un deuxième exemple pourrait être : Que se passerait-il si je gagnais à la loterie ? Comment réagirais-je ? Que ferais-je en premier avec l'argent ? Qu'est-ce qui changerait dans ma vie ou ma façon de voir la vie à partir de maintenant ? À quoi ressemblerait ma vie quotidienne ? Est-ce que je continuerais à travailler ? Serais-je heureux avec autant d'argent ?

Vous choisissez donc un scénario que vous trouvez intéressant et essayez de créer un monde approprié ou une idée de ce à quoi votre vie ressemblerait en posant des questions similaires à celles des exemples. Notez tout ce qui vous vient à l'esprit. Prenez votre temps et, si vous le souhaitez, passez une journée à essayer de vivre votre vie quotidienne avec ce nouveau scénario en tête, en observant ce qui changerait et si vous feriez des choix différents.

Faites-en un petit projet ou une véritable histoire, en essayant de penser et d'écrire d'une manière nouvelle. Sortez de votre routine et soyez ouvert à de nouvelles idées et possibilités.

En répétant cet exercice avec différents scénarios, vous renforcez votre imagination et votre capacité à imaginer des choses et des situations inconnues. En outre, vous deviendrez plus attentif si vous intégrez cet exercice dans votre vie quotidienne et si vous en faites une petite expérience, comme décrit ci-dessus. Vous percevrez alors plus intensément votre environnement, vos pensées et vos décisions et vous apprendrez à être plus attentif. Des activités ordinaires et toute votre routine peuvent ainsi être remises en question et acquérir un tout nouveau point de vue. Cela donnera de la force à votre créativité, de l'inspiration et de nouvelles idées.

5. Penser le hasard plus loin

Dans cet exercice, il s'agit de reconnaître des choses dans des taches et des formes de couleur créées par hasard, comme on le faisait souvent, enfant, avec les nuages dans le ciel. Pour cela, vous créez une image aléatoire avec de l'eau et de la peinture, que vous analysez ensuite et que vous complétez par une pensée créative. Vous aurez besoin d'un feutre fin, d'un pinceau si nécessaire, d'eau, d'un film transparent et de feutres à base d'eau ou d'aquarelle. Le papier doit être un peu plus épais pour que l'eau ne le fasse pas trop gondoler.

Pour préparer l'exercice, si vous avez choisi de ne pas utiliser l'aquarelle, vous devez peindre sur le film transparent avec les feutres, et ce que vous peignez n'a pas d'importance. De simples aplats de couleur suffisent. Vous devez maintenant verser quelques gouttes d'eau sur le film de manière à former de petites flaques de peinture. Si vous avez choisi l'aquarelle, il vous suffit de passer un pinceau mouillé dans la peinture et de la laisser tomber ensuite sur le film. Veillez à ne pas utiliser trop d'eau, sinon la couleur s'affaiblira et le papier risque de se détremper. Vous pouvez maintenant presser le papier sur le film en utilisant délicatement votre doigt pour étaler la peinture. Il est important de bien laisser sécher le papier après l'avoir retiré de la feuille.

Pour la partie créative de l'exercice, l'objectif est de reconnaître quelque chose dans les taches de couleur qui se sont formées, puis de le faire ressortir ou de l'entourer avec l'eye-liner. Grâce à votre imagination, vous pouvez théoriquement voir tout ce que vous voulez dans les taches de couleur, et c'est à vous de décider combien vous voulez réellement entourer. Il peut être intéressant de ne représenter qu'un seul grand animal correspondant à la forme de la tache, par exemple. Vous pouvez bien sûr préparer plusieurs images et essayer de découvrir le plus de choses possible dans une autre.

Voici quelques questions possibles que vous pouvez vous poser en regardant la tache de couleur : Que vois-je si je tiens la feuille à l'envers ? Ce que je vois me rappelle-t-il quelque chose ? S'agit-il d'un animal, d'une fleur, d'un visage, d'un arbre, etc. Est-ce que je veux entourer complètement ce que je vois ou seulement l'indiquer par des traits ?

Cet exercice vous permet d'exercer votre imagination et votre capacité à regarder et à analyser attentivement. En outre, il peut être très amusant d'essayer différentes combinaisons de couleurs et de se laisser aller au hasard. Les images sont généralement très esthétiques et ont un style particulier. Vous pouvez également revoir vos premières tentatives après avoir répété l'exercice et vous rendre compte que vous pouvez découvrir davantage, car vous avez développé votre imagination et votre capacité d'analyse.

Mot de la fin

J'espère que ce guide vous a donné du courage et vous a montré que tout le monde peut être créatif et stimuler sa créativité à l'aide d'exercices, de techniques et d'un peu de patience. Tant que vous ne perdez pas confiance en vous, rien ne peut vous empêcher d'exprimer le côté créatif qui est en vous. Même si d'autres personnes peuvent être plus douées pour la créativité, nous savons maintenant que la prédisposition n'est pas tout, car la volonté et la conviction sont bien plus importantes.

Pour stimuler votre créativité de la manière la plus efficace, il serait avantageux de faire les exercices ci-dessus non pas une fois, mais plusieurs fois, et même en les modifiant. Il est également important d'écouter votre corps et votre esprit, car vous êtes le mieux placé pour savoir ce qui peut faire obstacle à votre créativité.

Si vous avez l'impression d'être à nouveau confronté à ce mur, écoutez-vous et essayez de déterminer lequel des blocages de la créativité vous pèse et ce que vous pouvez faire pour le contourner. Comme le suggère le septième conseil, il est important de donner du temps à ce processus d'encouragement afin que vous puissiez apprendre à mieux vous connaître et à mieux connaître votre créativité, ce qui vous aide le plus et ce à quoi vous devez faire particulièrement attention si vous voulez être créatif. En outre, vous pouvez bien sûr lire d'autres techniques de créativité sur Internet si aucune d'entre elles ne vous aide ou si vous souhaitez simplement en apprendre davantage.

Et c'est une vraie chance de faire partie des créatifs d'aujourd'hui, car ils sont les garants de notre avenir et permettent de relever les défis, de surmonter les crises et de résoudre les problèmes. La créativité est très variée, utilisable individuellement et surtout impressionnante, car sans elle et la résilience à de nombreux problèmes qui en découle, nous ne serions pas en mesure de faire face aussi bien aux difficultés quotidiennes. Vous remarquerez qu'au bout d'un certain temps, beaucoup de choses deviennent plus faciles grâce à votre imagination accrue et que votre créativité n'est certainement pas seulement bénéfique en ce qui concerne la peinture de tableaux ou l'écriture de textes, mais que presque tous les domaines de la vie nécessitent un peu de créativité et d'imagination.

Partagez ce guide, vos idées et vos produits créatifs avec d'autres personnes et aidez-les à se rapprocher un peu plus de leur propre créativité, car plus il y aura de personnes créatives, plus la vie sera belle, imaginative et facile pour tous !

Sources

-    Jochen Mai, Kreativität : Wie sie entstehen - wie Sie Ihre Kreativität fördern, 2021 : https://karrierebibel.de/kreativitaet/

-    Carola Fanselow, Créativité - Un aperçu, 2004 : http://ddi.cs.uni-potsdam.de/Lehre/BelegDiplomarbeiten/Fanselow2005.pdf

-    Uschi Erlewein, Qu'est-ce que la créativité - capacité fondamentale de l'homme & manière de penser, 2021 : https://ethnostories.de/blogparade-kreativitaet-fuer-alle/

- Stefanie Uhrig, Qu'est-ce que la créativité ?, 2020 : https://www.quarks.de/gesellschaft/psychologie/kreativitaet-mehr-als-nur-kunst/

- André Nijmeh, La pensée divergente et convergente favorise le processus d'innovation, 2018 : https://www.wois-innovation.de/divergentes-und-konvergentes-denken-foerdert-den-innovationsprozess/

- Jan Jandeart, Trois raisons pour lesquelles il est si important de promouvoir la créativité, 2021 : https://www.guetsel.de/content/guetersloh/27342/drei-gruende-warum-die-foerderung-von-kreativitaet-so-wichtig-ist.html

- Dennis Fischer, Pas de créativité, pas de succès : pourquoi vous devez être créatif pour réussir professionnellement, 2021 : https://www.basicthinking.de/blog/2021/02/09/ohne-kreativitaet-kein-erfolg-wieso-du-fuer-beruflichen-erfolg-kreativ-sein-musst/

- Verena Muntschick, Free Creativity : la force motrice dans la crise : https://www.zukunftsinstitut.de/artikel/innovation-und-neugier/free-creativity-die-treibende-kraft-in-der-krise/

- Jochen Mai, Libre-penseur : 10 choses que les créatifs font différemment, 2020 : https://karrierebibel.de/freidenker/

- Youri Keifens, Devenir un penseur transversal : 25 choses que les personnes créatives font différemment, 2020 : https://genieundwahnsinn.de/blog-artikel/querdenker-werden-25-dinge-die-kreative-menschen-anders-machen.html

- Auteur inconnu, Créativité : 10 conseils et 5 nogos pour plus d'ingéniosité : https://www.lernen.net/artikel/kreativitaet-10-dos-und-5-donts-fuer-mehr-einfallsreichtum-3440/

- Auteur inconnu, Blocages de la créativité : https://www.buergergesellschaft.de/praxishilfen/kreativitaetstechniken/der-einzelne/kreativitaetsblockaden

- Jochen Mai, Techniques de créativité : Aperçu de 20 astuces et méthodes géniales, 2021 : https://karrierebibel.de/kreativitaetstechniken/

- Ludovico Einaudi, Experience, 2013 : https://youtu.be/hN_q-_nGv4U